ON A VOLÉ JÉSUS !

Roberto CAPEZZONE

Éditions ART ET COMÉDIE
2, rue des Tanneries
75013 PARIS

NOTE DE L'AUTEUR

L'action se passe dans les années 1950. À cette époque, la plupart des villages avaient encore leur curé et c'est la raison pour laquelle j'ai choisi cette période. Il va de soi que les noms des villes citées dans cette pièce peuvent être modifiés, en fonction des lieux de représentations.

ROBERTO CAPEZZONE

PERSONNAGES

JEANNOT	Le curé
MARIE	La servante du curé
FERNAND CHARDON	Le maire
THÉRÈSE	La boulangère
NINON	La fille d'Amélie
AMÉLIE	La mère de Ninon
RENÉ	Jésus

DÉCOR

La cuisine est celle d'un curé de campagne. Côté jardin une porte donnant accès à l'office, les chambres et l'église. Côté cour une autre porte d'entrée donne accès au presbytère. Arrière-scène, un meuble bas avec tiroirs. Un téléphone caché par une serviette posée sur le meuble. Avant-scène, une table et quatre chaises.

COSTUMES

Année 1950.

ACTE 1

Jeannot, affolé, entre dans le presbytère (côté cour). Il est essoufflé et respire bruyamment. Marie entre en scène (côté jardin).

MARIE - Vous êtes déjà là mon père ?

JEANNOT *(sursaute)* - Hein ?

MARIE - Je ne vous attendais pas si tôt. Votre train devait arriver à vingt heures à Bourg-en-Bresse et il est dix-huit heures. Vous êtes bien le nouveau curé ?

Jeannot ne comprend pas mais, amusé, il entre dans son jeu.

JEANNOT - Le nouveau curé ?… Oui, bien sûr ! J'étais pressé d'arriver ici et c'est la raison pour laquelle je suis en avance. Je suis venu à pied.

MARIE - De Dijon ? Eh ben… Vous devez marcher vite pour arriver avant le train !

JEANNOT - Je suis parti trois jours avant lui.

MARIE - Je m'disais aussi… Mais vous n'avez pas de bagages ?

JEANNOT - Mes bagages ?… Oui ! Mes bagages ? On me les a volés ! En traversant un bois, quatre hommes tapis dans l'ombre se sont jetés sur moi…

Marie - Arrêtez mon père, vous me faites peur. Et votre soutane ?

Jeannot - Ma soutane ?... Ma soutane ?... Ils me l'ont prise aussi.

Marie - Doux Jésus ! Mais que vont-ils en faire ?

Jeannot - Je ne sais pas. Ils étaient peut-être invités à une soirée costumée !

Marie - Voler un homme d'église, mais dans quel monde vivons-nous !

Jeannot - Je ne vous le fais pas dire ! Même à la campagne, nous ne sommes plus en sécurité.

Marie - On papote, on papote, et je manque à tous mes devoirs. Je ne vous ai pas demandé votre nom, mon père.

Jeannot - Jeannot !

Marie - Comme le lapin ?

Jeannot - Mais non ! C'est simplement le diminutif de Jean.

Marie - Eh ben dites donc, c'est un diminutif à rallonge ! Par contre Jean comme l'apôtre, c'est très beau. Notre ancien curé s'appelait Léon, mais ça sonne moins bien.

Jeannot - Si cela peut vous faire plaisir, appelez-moi Jean. Et vous ?

Marie - Moi ?

Jeannot - Oui ! Je ne vois personne d'autre... Qui êtes-vous ?

Marie - Je suis votre servante, je m'appelle Marie.

Jeannot - La boniche du curé en quelque sorte.

Marie - Je n'aime pas trop ce terme.

JEANNOT - Je vous comprends et, pour me faire pardonner, à partir d'aujourd'hui vous n'êtes plus servante, mais gouvernante.

MARIE - C'est trop d'honneur monsieur le curé.

JEANNOT - Cela me fait plaisir. Mais passons aux choses pratiques : pouvez-vous m'indiquer où je pourrais téléphoner ?

MARIE - Là monsieur le curé !

Marie lui montre timidement du doigt l'appareil téléphonique caché par une serviette.

JEANNOT - Pourquoi le cachez-vous ?

MARIE - Il me fait peur, surtout quand il sonne.

JEANNOT - Mais… Vous ne répondez jamais lorsqu'on vous appelle ?

MARIE - Doux Jésus, surtout pas !

Jeannot décroche le combiné, Marie le regarde avec curiosité.

JEANNOT - Qu'avez-vous ?

MARIE - Je vous regarde, on ne sait jamais si vous preniez l'électricité.

JEANNOT - Mais non, je ne crains rien. Retournez à vos occupations madame la gouvernante, ma conversation téléphonique est strictement confidentielle.

MARIE - Comme à confesse ?

JEANNOT - Vous avez tout compris !

MARIE - Par contre avant de vous laisser seul avec le téléphone…

Marie prend dans un tiroir un mètre de couturière et mesure Jeannot en hauteur et en largeur.

JEANNOT - Marie ! Je n'aime absolument pas vos manières. Je ne suis pas pressé d'avoir un costume en bois.

MARIE - Mais non ! Je vérifiais si vous aviez la même taille que notre ancien curé afin de vous prêter une de ses soutanes, mais ça devrait aller. *(Elle part.)*

JEANNOT - Attendez !

MARIE - Oui ?

JEANNOT - Votre ancien curé a changé de paroisse ?

MARIE - Mais on ne vous a rien dit ?

JEANNOT - Non !

MARIE - Notre père Léon nous a quittés, après trente années de bons et loyaux services dans notre belle ville de Chalamont.

JEANNOT - Il a pris sa retraite ?

MARIE - Éternelle auprès de Dieu. Paix à son âme.

JEANNOT - Bon ! Allez me chercher une soutane.

Marie part. Jeannot compose un numéro de téléphone.

JEANNOT - Allô ! Alfred ! C'est Jeannot. Je vais te la faire courte. J'ai la gendarmerie aux fesses et je me suis planqué dans le presbytère de Chalamont. Le problème est que l'on me prend pour le nouveau curé. (…) Oui… Eh bien moi, ça ne me fait pas rire du tout, mais passons ! Tu sautes dans ta voiture et tu récupères le vrai curé à vingt heures à la gare de Bourg-en-Bresse et tu me le gardes au chaud pendant deux ou trois jours. J'ai une bonne planque ici, j'attends que ça se calme un peu à l'extérieur pour te faire signe de le relâcher. (….) Comment tu vas reconnaître le curé ? Tu le fais exprès ! (…) Non ! Alors je t'explique : il sera habillé comme un avocat. (…) Voilà! Avec une robe noire. Je constate que tu fréquentes plus les tribunaux que les églises! Navré, je suis obligé de raccrocher. Dépêche-toi, tu as trente kilomètres à faire.

Marie apporte une soutane. Jeannot la met.

JEANNOT - Comment me trouvez-vous?

MARIE - Je vous trouve très beau!

JEANNOT - Je n'en doute pas, mais ne trouvez-vous pas que la couleur est un peu triste?

MARIE - Vous avez fière allure dans cette soutane et je vais faire des jalouses dans le village en étant à votre service.

JEANNOT - Le village compte beaucoup de femmes?

MARIE - Oh oui! Et je peux vous dire que certaines… *(Le maire entre dans le presbytère.)* Bonjour monsieur le maire. Je vous présente père Jean, notre nouveau curé.

FERNAND *(à Jeannot)* - Fernand Chardon, maire de Chalamont. Je suis content de faire votre connaissance.

JEANNOT - Moi également! *(Ils se serrent la main.)*

FERNAND - Je me suis permis de passer pour savoir si vous n'avez pas remarqué un individu suspect.

MARIE - J'ai bien trop à faire ici pour m'occuper en plus de ce qui se passe dehors.

JEANNOT *(à Fernand)* - Vous avez un portrait-robot de cet homme?

FERNAND - Un quoi?

JEANNOT - Une photo, un dessin le représentant.

Fernand - Apparemment la gendarmerie n'a aucun indice, à part qu'il est très dangereux.

Marie - Mon Dieu ! Il a tué quelqu'un ?

Fernand - Avec ce genre d'individu, il faut s'attendre à tout.

Jeannot - Que lui reproche la gendarmerie ?

Fernand - Il a attaqué le Crédit Agricole de Chalamont, mais M. Durillon, directeur de ladite banque, a réussi à le mettre en fuite sans qu'il ne touche à un seul billet. Vous voyez, ce n'est pas le genre à voler trois pommes chez notre épicier.

Jeannot *(en colère)* - Ah ! je le retiens celui-là ! Sans lui…

Fernand - Que voulez-vous dire mon père ?

Jeannot - Non, rien ! Tout simplement, je constate que le bien a triomphé du mal.

Marie - Pensez-vous que cet individu, comme vous dites, puisse attaquer aussi les curés ?

Fernand - Pourquoi ?

Marie - Parce que le père Jean s'est fait voler sa valise et sa soutane.

Fernand - Vous avez porté plainte mon père ?

Jeannot - Non, c'est inutile, seuls quelques vêtements sans grande valeur m'ont été dérobés.

Fernand - Quand même ! Et votre soutane ?

Jeannot - Dieu est venu à mon secours par l'intermédiaire du père Léon. Grâce à lui j'ai une nouvelle soutane et je ne peux que pardonner ce geste indélicat commis par quelques brebis égarées.

Fernand - Vous êtes bien bon mon père.

Jeannot - Je me surprends moi-même.

Fernand - Ah! j'oubliais! Avez-vous fermé les portes de l'église?

Jeannot - Je ne sais pas, je viens d'arriver. Demandez-le à Marie.

Fernand - Marie!

Marie - Elles sont ouvertes, comme d'habitude.

Fernand - Je n'ai pas de conseil à vous donner, mais certaines personnes ont vu rôder cet individu près de l'église et il est possible qu'il se soit caché à l'intérieur.

Marie - Bien sûr! Je suppose que vous voulez que ce soit moi qui me fasse tuer en le cherchant. Une servante de curé ce n'est pas une grosse perte.

Jeannot - Ne vous inquiétez pas Marie, j'irai à votre place.

Marie - Merci mon père. Mais faites attention, il serait dommage qu'à peine arrivé dans notre paroisse, on vous retrouve assassiné dans l'église.

Fernand - Elle a raison! Laissez-moi le temps d'aller chercher mon fusil de chasse dans ma voiture et je viens avec vous.

Jeannot - C'est inutile, Dieu est avec moi, je ne crains rien. Mais dites-moi monsieur le maire, où en est l'enquête de la gendarmerie?

Fernand - Elle fait ce qu'elle peut, mais pensez donc, si elle pouvait faire ce qu'elle veut, elle ne ferait rien du tout. À cette heure, ils doivent tous être à boire l'apéro!

Jeannot - Ils ont abandonné les recherches?

FERNAND - Oui ! D'après eux, l'individu est déjà très loin.

JEANNOT - Eh bien, voilà une bonne nouvelle.

FERNAND - Pas pour moi. Je suis persuadé qu'il se cache dans le village et je le retrouverai ce petit escroc sans envergure !

JEANNOT *(en colère)* - Vous n'avez pas le droit de le traiter ainsi, un homme que vous ne connaissez pas !

FERNAND - Vous allez bientôt me dire que lui aussi est une pauvre petite brebis égarée ?

MARIE - Il a quand même attaqué une banque.

FERNAND - Rater un braquage aussi facile, pour moi c'est un minable.

JEANNOT - Qu'en savez-vous ?

FERNAND - On voit bien que vous êtes un curé ! Le coffre-fort se trouve dans le bureau du directeur, à l'arrière de l'agence. Ce bureau a une porte jamais fermée qui donne sur une petite rue souvent déserte.

JEANNOT - Il est bien imprudent votre directeur.

FERNAND - Vous ne le répéterez pas mon père, mais c'est pour faciliter l'entrée de sa maîtresse. Avouez que ce malfrat est vrai guignol, faire son coup un samedi matin, en passant par l'entrée principale, comme un touriste, en présence de la clientèle, vous pensez bien qu'il n'avait aucune chance d'arriver jusqu'au coffre. Il lui suffisait de franchir la porte arrière, de maîtriser le directeur et de repartir ni vu, ni connu, avec le butin.

JEANNOT - Je trouve vos indications très intéressantes. Si un jour j'ai besoin d'argent pour mes pauvres, je saurai où le trouver.

FERNAND - Vous êtes un plaisantin mon père.

MARIE - Avec toutes ces émotions, on s'en jette un petit, monsieur le maire ?

FERNAND - Ce n'est pas de refus.

JEANNOT - Un petit quoi ?

MARIE - Il faut l'excuser monsieur le maire, il arrive d'une grande ville : Dijon. Pensez donc ! Là-bas on ne connaît pas les convenances. *(Elle prend la bouteille et trois verres sur le meuble et les pose sur la table, puis elle remplit les verres.)* Vous allez voir mon père, je vais vous faire goûter de l'eau-de-vie de mirabelles, la meilleure de tout le département. *(Marie et Fernand avalent l'eau-de-vie d'un trait. Jeannot les regarde et fait de même, ce qui provoque chez lui une quinte de toux. Marie lui tape dans le dos.)* Ça ne va pas mon père ?

JEANNOT - Mais c'est du détergent ?

MARIE - Mais non, c'est de la mirabelle !

FERNAND - Avec ça, les microbes ne vont pas être contents, elle doit bien faire dans les soixante-douze, soixante-treize degrés.

MARIE - Soixante-quinze exactement.

FERNAND - Mon père, je suis dans l'obligation de vous quitter, le devoir m'appelle. Bonne nuit ! Et n'oubliez pas de fermer les portes de l'église.

Fernand part.

JEANNOT - Quand il parle de devoir, vous pensez qu'il continue à chercher l'individu suspect ?

MARIE - On voit bien que vous ne le connaissez pas. Quand il a une idée en tête, il ne l'a pas ailleurs, mais c'est aussi une bonne excuse pour boire de bons petits coups dans toutes les fermes du village et on le retrouvera demain matin, ivre mort, sur un tas de fumier.

JEANNOT - Quel drôle de maire vous avez là !

MARIE - Oh oui ! Tout le monde connaît son penchant pour l'alcool et s'en amuse. Mais c'est un homme charmant, très droit et respecté de tous. Ce n'est pas par hasard que les villageois lui accordent leur confiance depuis vingt ans.

JEANNOT - Vingt ans ! Eh bien on peut dire que l'alcool conserve !

MARIE - Mon père, je manque à tous mes devoirs, avec les kilomètres que vous avez parcourus, vous devez avoir faim ?

JEANNOT - C'est vrai, un petit quelque chose à me mettre sous la dent ne me ferait pas de mal.

MARIE - Je vais vous chercher de la soupe.

JEANNOT - Ah non ! Je veux du consistant, la soupe est réservée aux femmes soucieuses de leur ligne.

MARIE - Quoi ? Une soupe qui mijote depuis ce matin, avec du lard et des pieds de cochon ? Il y en a plus d'un qui payerait pour en manger !

JEANNOT - Ne vous fâchez pas Marie, je ne savais pas que vous étiez un cordon bleu, la madone des fourneaux !

MARIE - J'ignore ce que c'est un cordon bleu, mais je peux vous dire que c'est une recette du père Léon. Tous les samedis soir, il prenait son bol de soupe pour être en forme à la messe du dimanche.

JEANNOT - C'est une bonne idée.

MARIE - En parlant de messe, vous allez être content mon père, demain l'église sera pleine, on risque même de refuser du monde.

JEANNOT - Vous attendez quelqu'un d'important ?

MARIE - Vous !

JEANNOT - Moi ?

MARIE - Vous plaisantez ou ce sont les vertus de la mirabelle ?

JEANNOT - Ni l'un, ni l'autre, mais cette longue marche de trois jours m'a fait perdre la notion du temps. C'est donc demain la messe ?

MARIE - Oui mon père. Et vous allez nous parler de quoi dans votre sermon ?

JEANNOT - Mon sermon… Oui, mon sermon…

MARIE - Alors !

JEANNOT - C'est une surprise, vous pouvez bien attendre jusqu'à demain.

MARIE - Bon, d'accord. Par contre, pour mes gages, il me les faut impérativement ce soir.

JEANNOT - Quels gages ?

MARIE - Vous croyez peut-être que je travaille gratuitement ici ? Ce n'est pas de ma faute si le père Léon nous a quittés avant de me payer.

JEANNOT - Il vous devait combien ?

MARIE - Trois cents francs.

JEANNOT - Ah ! quand même ! Mais où voulez-vous que je les trouve ?

MARIE - Dans la boîte en fer rangée dans le tiroir, sous le téléphone.

Jeannot prend la boîte et compte les billets.

JEANNOT - Il n'y a que deux cent cinquante francs, je vous dois donc cinquante francs. Mais dites-moi, d'où vient cet argent ?

MARIE - C'est l'argent de la quête, le salaire que vous verse l'église et celui de quelques généreux donateurs pour le salut de leur âme, mais aussi les sommes versées pour les mariages, les baptêmes et les enterrements, sans oublier la vente des cierges et d'images pieuses.

JEANNOT - Cela représente combien par mois ?

MARIE - C'est variable. Tenez, par exemple, le toit de l'église, il menaçait de s'écrouler. Le père Léon a lancé une souscription, je ne sais pas ce que ça veut dire, mais cela a rapporté sept cent mille francs.

JEANNOT - Pour faire un toit ! À ce tarif, il est en plaqué or ! Il s'est pris combien pour lui au passage ?

MARIE - Le père Léon était un saint homme et jamais il n'a gardé un centime pour lui. Quand il restait de l'argent, il le donnait aux pauvres. Il leur achetait des vêtements ou à manger et me disait : « Marie, ne leur donne jamais d'argent liquide sinon ils le boivent. »

JEANNOT - Je vois bien que vous êtes pleine d'admiration pour votre ancien curé, mais il devait bien se faire quelques petits plaisirs de temps en temps ?

MARIE - Mon Dieu, vous n'y pensez pas ! Si vous ne me croyez pas, regardez le livre de compte.

JEANNOT - Où est-il ?

MARIE - Dans le tiroir, sous le téléphone, à côté de la boîte en fer qui se trouve maintenant sur la table.

Jeannot prend le livre de compte et le consulte.

JEANNOT - Dites-moi Marie, votre salaire était de deux cent cinquante francs et non de trois cents !

MARIE - En arrivant vous m'avez nommée gouvernante, cela vaut bien cinquante francs d'augmentation !

JEANNOT - Vous ne perdez pas de temps. Je ne comprends pas, vous êtes nourrie et logée ici, alors que faites-vous de votre argent ?

MARIE - Mon père est infirme, il ne peut plus travailler, et ma mère est très malade. Je me dois de les aider, chacun porte sa croix. Vous n'avez plus besoin de moi ?

JEANNOT - Non !

MARIE - Si vous voulez manger, je vais faire réchauffer la soupe.

JEANNOT - Avant de passer en cuisine, pouvez-vous me dire combien de travaux restent à faire dans l'église ?

MARIE - Ne m'en parlez pas, tout est à refaire.

JEANNOT - Vous pouvez me faire une liste complète ?

MARIE - Comptez sur moi mon père.

Marie part.

JEANNOT - Quand je vois l'argent que brassait le père Léon, je pense que je vais rester quelque temps ici.

Thérèse entre dans le presbytère.

THÉRÈSE - Bonsoir mon père.

JEANNOT - Qui êtes-vous ?

THÉRÈSE - Je suis Thérèse, la boulangère.

JEANNOT - Que puis-je pour vous ?

THÉRÈSE - Le maire m'a dit que vous veniez d'arriver, il faut me confesser tout de suite.

JEANNOT - Cela ne peut pas attendre la semaine prochaine ? J'allais passer à table.

THÉRÈSE - Ah non ! Si je veux communier demain, je dois me confesser.

JEANNOT - Bon ! Eh bien, allons-y, je vous écoute.

THÉRÈSE - Ici ?

JEANNOT - Vous voulez vous mettre où ?

THÉRÈSE - Dans le confessionnal.

JEANNOT - Pour quoi faire ?

THÉRÈSE - Pour avouer le secret de ma faute. Et en plus là, je vous vois et j'ai honte.

JEANNOT - Écoutez Thérèse, que vous soyez dans votre boulangerie, ici ou ailleurs, Dieu vous voit et vous entend, alors dites-moi la connerie que vous avez faite et que l'on en parle plus.

THÉRÈSE - Ne me parlez pas de cette façon, ça me bloque et je n'y arriverai jamais.

JEANNOT - Je vais vous servir un petit peu de mirabelle pour vous détendre.

Jeannot prend la bouteille, deux verres et il les pose sur la table pour les remplir. Thérèse avale la mirabelle d'un trait.

THÉRÈSE - Je peux en avoir une deuxième ?

JEANNOT *(la sert)* - Faites attention, c'est fort.

THÉRÈSE - Ah bon ! Vous trouvez ? Mon eau-de-vie de poire, c'est autre chose, elle décape.

Jeannot - Si nous revenions à vos péchés ?

Thérèse - Vous avez raison. *(Elle prend sa respiration.)* Mon père, j'ai trompé…

Jeannot - Votre mari ?

Thérèse - Pas du tout. Remarquez, il le mériterait bien celui-là, mais je suis une femme fidèle.

Jeannot - Je n'en doute pas. Mais alors qui avez-vous trompé ?

Thérèse - Ma clientèle !

Jeannot - Ah !… Mais comment faites-vous ?

Thérèse *(parle doucement pour que personne ne l'entende)* - J'ai trafiqué ma balance. Et, à chaque pesée, je gagne entre cinquante et cent grammes.

Jeannot - Mais c'est du vol ! Vous avez l'audace de faire manger du pain allégé à votre curé !

Thérèse - Non, pas à vous mon père. Quand le pain est destiné à un homme de Dieu, je ne fais jamais payer. Vous pouvez le demander à Marie.

Jeannot - Vous pouvez me faire confiance, je n'y manquerai pas. Mais cette cure d'amaigrissement du pain vous a rapporté combien ?

Thérèse - Environ trois cents francs.

Jeannot - Par mois ?

Thérèse - Non, par semaine !

Jeannot - Eh bien, dites donc !

Thérèse - Je n'ai pas beaucoup de mérite, environ cinquante grammes par pain, en fin de journée, j'arrive à mes deux kilos.

JEANNOT - Votre mari est au courant ?

THÉRÈSE - Je ne risque pas de lui dire, ce gros ballot ne pense qu'à faire du pain et à dormir.

JEANNOT - Que pensez-vous faire de cet argent ?

THÉRÈSE - M'acheter des robes, un nouveau chapeau, des chaussures…

JEANNOT - Et voilà ! En plus Madame est frivole ! Vous feriez mieux de penser au salut de votre âme.

THÉRÈSE - Que dois-je faire mon père ? J'ai tellement honte…

JEANNOT - Ne changez rien, continuez et vous m'apporterez trois cents francs toutes les semaines.

THÉRÈSE - La punition est chère, le père Léon me faisait dire trois Pater et trois avés.

JEANNOT - Oui mais pour un tout petit péché. Celui-ci est très grave et vous risquez de finir dans les flammes de l'enfer.

THÉRÈSE - Mais c'est vous qui m'encouragez à voler !

JEANNOT - Pour le bien de l'église ma fille ! Les évangiles n'en parlent pas, mais pour gagner sa place au paradis, il faut l'acheter ainsi que le silence du curé. Vous ne voudriez pas que les habitants de Chalamont apprennent votre petit commerce frauduleux ?

THÉRÈSE - Que faites-vous du secret de la confession ?

JEANNOT - Il a un prix ma fille, comme le pain. Maintenant rentrez chez vous. Cette nuit, promis, je prierai pour vous.

THÉRÈSE - Merci mon père et à demain à la messe.

Thérèse part. Marie entre, tenant un plateau sur lequel sont posés une soupière, une assiette, des couverts et du pain. Elle pose le plateau sur la table.

MARIE - Voilà votre soupe mon père.

Jeannot soulève le couvercle de la soupière.

JEANNOT - Cela me paraît excellent Marie. Et le pain croustillant à souhait.

MARIE - C'est vrai, nous avons un très bon boulanger.

JEANNOT - Je n'en doute pas, mais je trouve qu'il vend son pain un peu trop cher.

MARIE - Comment le savez-vous ?

JEANNOT - J'ai étudié le livre de compte, un franc vingt de pain par jour, le père Léon devait l'adorer ou alors il le distribuait aux pauvres.

MARIE - Je ne sais pas, mais il voulait du pain frais tous les jours.

JEANNOT - Moi aussi et vous me devez trente-six francs.

MARIE - Pourquoi ?

JEANNOT - La boulangère sort d'ici et elle m'a dit que pour le presbytère, le pain était gratuit.

MARIE - Elle ferait mieux de s'occuper de ses miches la boulangère !

JEANNOT - Ne blasphémez Marie.

MARIE - Vous ne le savez certainement pas mon père, mais elle paye des hommes.

JEANNOT - Pour quoi faire ?

MARIE - Vous avez beau être curé, je ne vais quand même pas vous faire un dessin.

Jeannot - C'est inutile, mais vos confidences me font mieux comprendre à présent sa démarche et je constate que les profits du vol sont utilisés à d'autres fins que celles d'acheter des vêtements !

Marie - Elle vous a proposé de l'argent ?

Jeannot - Je vous en prie Marie, un peu de tenue.

Marie - Remarquez, il faut la comprendre, moche comme elle est, si elle ne paye pas…

Jeannot - C'est une créature de Dieu et, quoi qu'elle fasse, il faut prier pour son salut.

Marie - Peut-être, mais Dieu n'a pas fait que des chefs-d'œuvre et il l'a bien ratée, celle-ci.

Jeannot - Ça suffit maintenant, ma soupe va refroidir.

Marie - Vous avez raison, je retourne dans ma cuisine.

Marie sort de la pièce et Jeannot regarde l'heure à sa montre, puis téléphone.

Jeannot - Allô ! Alfred ! (…) Tu as récupéré le cureton ? (…) Parfait ! (…) Comment ça, il est défroqué ? Dis-lui de remettre son pantalon immédiatement. (…) Ah ! ça veut dire qu'il n'a plus la foi, il quitte les ordres ! C'est parfait ! (…) Oui ! Je prends le risque de rester ici plus longtemps que prévu…

Ninon, une jeune fille habillée mode, entre dans le presbytère une valise à la main.

Ninon - Papa !

Jeannot *(téléphone toujours)* - Je te rappelle demain. *(Il raccroche.)*

Ninon - Papa !

Jeannot - Non ! Mon père.

Ninon - C'est pareil !

Jeannot - Ah non ! Un curé, c'est mon père.

Ninon - J'ai bien le droit d'appeler mon père papa, puisque c'est mon père.

Jeannot - Mais ce n'est pas le même père.

Ninon - Pourquoi ? J'en ai plusieurs !

Jeannot - Dis-moi, qui es-tu ?

Ninon - Ta fille.

Jeannot - Dans tout le village ce sont mes fils et mes filles.

Ninon - Eh bien, quelle santé ! Moi je suis la fille que tu as eue avec Amélie, ton ancienne servante.

Jeannot - Laisse-moi réfléchir un instant. *(Il se sert un verre de mirabelle.)* Si je comprends bien, tu es la fille du père Léon.

Ninon - Je savais bien que tu ne serais pas très content de me revoir, mais de là à jouer les amnésiques, tu me déçois.

Jeannot - À mon tour de te décevoir, je suis Jeannot, enfin père Jean, et je remplace le père Léon qui nous a quittés.

Ninon - Ah ! le salaud ! Il est parti où ?

Jeannot - Dieu l'a rappelé près des siens.

Ninon - Il est mort ?

Jeannot - D'une mauvaise grippe. L'église est si froide…

Ninon - Qui va s'occuper de moi maintenant ?

Jeannot - Tu es orpheline ?

Ninon - J'ai encore ma mère.

JEANNOT - Alors tout s'arrange.

NINON - Pas vraiment, ma mère a fait la connaissance d'un saltimbanque qui fait du théâtre, elle est partie avec lui sur Paris et, ne voulant pas les suivre, elle m'a avoué qui était mon père.

JEANNOT - Je ne peux malheureusement pas faire grand-chose pour toi, à part ressusciter le père Léon, mais je ne suis pas Jésus.

NINON - Vous n'allez quand même pas me jeter à la rue !

JEANNOT - Belle comme tu es, c'est vraiment au-dessus de mes forces. Mais j'ai peut-être une solution.

NINON - Je vous écoute.

JEANNOT - Je suis ici de passage, l'air de la campagne ne me convient guère, je suis en manque d'oxyde de carbone que l'on respire dans les grandes villes. Je te garde ici le temps nécessaire et le jour où je quitterai la paroisse, tu viendras avec moi et tu seras sous ma protection.

NINON - Vous feriez cela pour moi ?

JEANNOT - Bien sûr. Et tu verras, je te ferai gagner beaucoup d'argent. En attendant je vais te présenter à ta mère.

NINON - Elle est à Paris.

JEANNOT - Je te parle de ta mère adoptive.

NINON - Ah bon !

JEANNOT *(hurle)* - Marie !

MARIE *(off)* - Ce n'est pas la peine de crier, je ne suis pas sourde. *(Elle entre et regarde Ninon.)* Bonjour, mademoiselle.

JEANNOT - Je vous présente Ninon, votre fille.

Marie *(en colère)* - Je n'ai pas de fille.

Jeannot - Ninon, va embrasser ta mère.

Ninon - Bonjour Maman.

Marie - Mais elle est folle !

Jeannot - Pas du tout, et je vais vous expliquer.

Marie - Il voudrait mieux, ce genre de plaisanterie ne me fait pas rire.

Jeannot - En réalité, Ninon est la fille du père Léon.

Marie - Impossible, c'était un saint.

Jeannot - Peut-être, mais il aimait bien ceux d'Amélie, l'ancienne servante.

Marie - Je ne vous crois pas !

Jeannot - Vous mettriez ma parole en doute ?

Marie - Non mon père, mais cette petite a pu vous raconter n'importe quoi.

Ninon - Je ne suis pas une menteuse.

Jeannot - Ninon, peux-tu passer dans la pièce à côté ? Je dois parler à Marie. *(Ninon, furieuse, sort de la pièce.)* Marie, il faut vous rendre à l'évidence, le père Léon a fauté. Que voulez-vous, après tout c'était simplement un homme avec ses propres faiblesses… Mais qui vous dit que sa servante Amélie ne l'a pas poussé à commettre ce péché de chair ? Ninon n'est pas responsable et il est de notre devoir d'accueillir parmi nous l'objet du délit. Car je trouve que les sentiments qui l'animent pour venir ici rencontrer son père sont nobles.

Marie - De toute façon, elle ne peut pas être ma fille.

Jeannot - Pourquoi ?

Marie - Parce que… Parce que…

Jeannot - Parce que quoi ?

Marie *(confuse)* - Je n'ai jamais connu d'homme.

Jeannot - Vous êtes…

Marie *(honteuse)* - Oui, mon père.

Jeannot - Évidemment, dans ces conditions…

Marie - Ce n'est quand même pas une maladie.

Jeannot - Remarquez, vous pouvez toujours dire que vous l'avez eue par l'opération du Saint-Esprit : vous êtes vierge et vous vous appelez Marie.

Marie - Vous êtes sérieux mon père ?

Jeannot - Je reconnais que ma réflexion n'est pas très judicieuse. Mais supposons que Ninon soit la fille d'une cousine éloignée qui est tombée gravement malade. Cette idée vous conviendrait-elle ?

Marie - Je suppose que je n'ai pas le choix ?

Jeannot - Malheureusement non !

Marie - Elle va rester combien de temps parmi nous ?

Jeannot - Je ne sais pas encore, disons un certain temps.

Marie - Vous comptez la faire dormir où ?

Jeannot - Nous avons combien de chambres ?

Marie - Deux : une pour moi et l'autre pour vous.

Jeannot - Pouvez-vous l'accueillir dans votre chambre ?

MARIE - Jamais, vous m'entendez ! Jamais le péché n'entrera dans ma chambre. Pourquoi vous ne lui laissez pas la vôtre ?

JEANNOT - Pour aller dormir chez l'habitant par exemple ? La mise à disposition d'une chambre est essentielle pour mener à bien ma mission, j'ai besoin de solitude pour réfléchir et pour prier.

MARIE - J'ai bien une solution mais…

JEANNOT - Dites toujours.

MARIE - Il y a un petit local où je mets à sécher le jambon cru. Et avec un peu de paille au sol… Qu'en pensez-vous ?

JEANNOT - Vous n'avez pas mieux ?

MARIE - À part l'église, je ne vois pas.

JEANNOT - J'ai bien peur que votre local ne soit pas très confortable pour une jeune fille.

MARIE - Jésus est né dans une étable et il ne s'est jamais plaint.

JEANNOT - Qu'en savez-vous ?

MARIE - La Bible en parlerait.

JEANNOT - Je ne vais pas vous contrarier. Allez me chercher Ninon.

MARIE *(en aparté)* - Si elle était vilaine, je suis sûre qu'il n'en ferait pas autant.

Marie va chercher Ninon.

JEANNOT *(à Ninon)* - Nous acceptons de t'accueillir parmi nous.

MARIE - Seulement pour un certain temps.

NINON - Je ne sais comment vous remercier.

JEANNOT - Nous verrons plus tard ; Marie, ne désirant pas avoir d'enfant, t'accepte comme sa nièce.

NINON - Merci tata Marie.

JEANNOT *(à Marie)* - Vous voyez, elle vous a déjà adoptée.

MARIE *(à Ninon)* - Pas moi ! Suivez-moi, je vais vous indiquer votre chambre.

NINON - Je suis tellement fatiguée que je dormirais sur de la paille.

MARIE - Vos vœux vont êtres exaucés.

JEANNOT - Marie, lorsque vous aurez installé votre nièce, j'aimerais vous parler.

MARIE - Bien mon père. *(Elles sortent.)*

Jeannot soulève le couvercle de la soupière pour se servir. Thérèse entre. Elle porte un imperméable.

JEANNOT - Vous ne pouvez pas frapper avant d'entrer ?

THÉRÈSE - C'est l'habitude, c'était toujours porte ouverte avec le père Léon.

JEANNOT - Si vous êtes venue pour confesser un autre péché, je mange, il est tard.

THÉRÈSE - Excusez-moi mon père mais je voulais voir avec vous les modalités de remboursement des trois cents francs que je vous dois.

JEANNOT - Oui, et alors ?

THÉRÈSE - Je me suis dit que peut-être je pourrais vous les payer en nature.

Jeannot - Que voulez-vous que je fasse d'autant de pain ? C'est un presbytère ici, pas une boulangerie.

Thérèse enlève son imperméable. Elle porte une gaine et un soutien-gorge des années 1950.

Thérèse - Je ne parlais pas de pain mais de moi.

Jeannot - Ah ! *(Thérèse s'approche sensuellement de Jeannot qui recule et crie.)* Satan, sors de ce corps de femme !

Thérèse - Mais il est fou ! Je ne suis pas le Diable, je voulais simplement vous proposer un arrangement à l'amiable.

Jeannot - Je veux bien discuter avec vous, mais vêtissez-vous. *(Thérèse remet son imperméable.)* Je vous écoute.

Thérèse - Mon mari, à part faire du pain et dormir…

Jeannot - Je le sais déjà.

Thérèse - Il me délaisse et je n'ai plus de vie de femme.

Jeannot - Et les trois cents francs sont destinés à satisfaire vos bas instincts.

Thérèse - Vous savez lire dans mes pensées mon père. Dites-moi, que dois-je faire ?

Jeannot - Au lieu de donner de l'argent aux hommes, faites-vous payer !

Thérèse - Mais ils ne voudront jamais !

Jeannot - C'est à vous de juger : ou ils passent à la caisse ou bien vous faites immédiatement vœu de chasteté.

Thérèse - Mais je ne pourrai jamais, je ne suis pas comme vous.

JEANNOT - Pour vous aider dans votre démarche, ce n'est plus trois cents francs que vous m'apporterez mais quatre cents.

THÉRÈSE - C'est du vol, du racket !

JEANNOT - Non, c'est tout simplement le prix de votre salut. Jésus a multiplié les pains, faites comme lui. Je ne vous retiens pas et je vous demande de rentrer chez vous.

THÉRÈSE - Bonsoir mon père.

Thérèse sort.
Jeannot va se servir de la soupe lorsque Marie rentre.

JEANNOT - Vous avez couché Ninon ?

MARIE - Ne m'en parlez pas, c'est une vraie précieuse votre petite protégée. Elle trouve que sa chambre sent mauvais à cause des jambons qui sèchent. C'est inimaginable ! Rendre responsable mes jambons que je bichonne comme mes propres enfants !

JEANNOT - Pour sa chambre, nous aviserons demain. Dans l'immédiat, avez-vous fait une liste de réparations à prévoir pour notre église ?

MARIE - Pas besoin de liste, j'ai tout dans la tête. Pour commencer, il faudrait installer le chauffage ; l'hiver est si froid que les paroissiens ne se déplacent plus pour se rendre à la messe. Ensuite, les bancs sont vermoulus et peuvent provoquer un jour un accident. La réfection de la peinture des voûtes est nécessaire, les missels sont tous à changer et je ne vous parle pas de la façade de l'église qui est toute noircie avec le temps et puis…

JEANNOT - Stop ! Pour le reste, nous verrons plus tard, commençons par les travaux les plus coûteux.

MARIE - Cela ne me regarde pas, mais vous allez payer comment ?

Jeannot - Le père Léon a bien refait le toit de l'église !

Marie - Oui, mais ceux qui ont donné ne le referont pas une deuxième fois, je les connais, ce sont des radins. Il m'arrive de trouver des boutons de culotte quand je fais la quête à la messe. Ici, nous ne sommes pas à Lourdes avec des pèlerins qui dépensent sans compter.

Jeannot - Marie, vous venez de trouver la solution. Ce qu'il faudrait, c'est un miracle. Une apparition de la Vierge.

Marie - Parce que vous croyez qu'elle apparaît à la demande ?

Jeannot - Jeanne d'Arc et Bernadette l'ont bien vue.

Marie - C'est vrai, mais je vois mal la Vierge faire un détour par Chalamont pour manger des grenouilles.

Jeannot - Nous verrons, Marie, nous verrons.

Marie - En attendant faites comme moi, allez vous coucher, vous avez besoin de repos.

Jeannot - Pouvez-vous me dire où je peux trouver une bible ? Il faut que je prépare la messe pour demain.

Marie - Dans le tiroir, sous le téléphone, derrière le livre de compte, qui se trouve à côté de la boîte en fer.

Jeannot - Merci Marie et bonne nuit.

Marie part. Jeannot ouvre le tiroir.

Noir ou rideau

Le lendemain après la messe. Jeannot entre en scène suivi de Marie.

MARIE - J'ai honte mon père, j'ai honte pour vous.

JEANNOT - Je ne comprends pas pourquoi ! Tout le monde a applaudi à la fin de la messe.

MARIE - Vous les avez bien fait rire en disant que c'était Joseph qui avait fabriqué la croix parce qu'il était charpentier. Bravo !

JEANNOT - Qu'en savez-vous ? Vous n'étiez pas présente ce jour-là.

MARIE - Et les hosties ne sont pas des gâteaux apéritifs, à consommer avec le vin de messe. Vous vous êtes même permis de mettre une rondelle de citron sur le bord du calice.

JEANNOT - Je dois reconnaître que le vin de messe était très bon.

MARIE - Et puis, la prochaine fois évitez d'embrasser la statue de la Vierge en la serrant dans vos bras.

JEANNOT - Vous avez fini ?

MARIE - Non ! Vous ne devez pas parler du pape en disant « le Parrain ». Ensuite l'eau bénite n'est pas faite pour se rafraîchir la nuque et l'on ne dit jamais la messe assis sur les marches de l'autel.

JEANNOT - Vous en avez encore pour longtemps ?

MARIE - Remarquez, l'initiative d'appeler les fidèles à danser était bonne, mais pas celle de faire la chenille à l'intérieur de l'église.

JEANNOT - À mon tour, madame la voleuse.

MARIE - Moi ! Une voleuse !

JEANNOT - Rendez-moi immédiatement les trois billets de dix francs que vous avez pris dans la corbeille de la quête.

MARIE - Je ne vois pas de quoi vous voulez parler.

JEANNOT - Je reconnais que vous êtes très forte, il faut vraiment un œil averti comme le mien pour s'en apercevoir.

MARIE - Le vin de messe vous a monté à la tête, mon père.

JEANNOT - J'ai également fait la connaissance de la fermière qui vous fournit en volailles et j'ai appris que les poulets étaient gratuits pour M. le curé. Alors pourquoi enregistrez-vous une dépense sur le livre de compte ?

MARIE - Je ne sais pas… Mais, j'avoue que pour les billets de dix francs, je l'ai peut-être fait sans m'en rendre compte.

Ninon entre en scène. Marie se jette sur elle et l'attrape par les cheveux.

MARIE - Voilà la chapardeuse de jambon !

NINON - Aïe ! Vous me faites mal !

JEANNOT - Lâchez cette petite, Marie.

MARIE - Elle m'a volé un jambon.

NINON - C'est pas vrai.

JEANNOT - Expliquez-vous, Marie.

MARIE - Eh bien, voilà, mon père. Tous les jours à mon réveil je vais voir si mes jambons ont passé une bonne nuit. Ce matin, Ninon ne dormait plus sur sa paille et il manquait un jambon.

JEANNOT - Elle avait peut-être faim cette petite.

MARIE - Je me suis fait la même réflexion que vous, mais quand même, manger un jambon entier, ce n'est plus de la faim mais de la gloutonnerie ! J'ai fait tout le tour du presbytère, pas de jambon. Je suis allée faire quelques courses avant la messe et j'ai vu dans la vitrine du charcutier… mon jambon.

JEANNOT - Tous les jambons se ressemblent.

MARIE - Pas les miens, je les reconnaîtrais entre mille.

JEANNOT *(à Ninon)* - C'est vrai ce que dit Marie ?

NINON - Oui, c'est vrai. *(À Marie.)* Maintenant lâchez-moi, vous me faites mal.

JEANNOT - Laissez-la, Marie. *(À Ninon.)* Pourquoi as-tu volé ?

NINON - C'est plus fort que moi… J'aime l'argent.

MARIE - Combien as-tu vendu ce jambon ?

NINON - J'en voulais quatre-vingts francs, mais le charcutier m'en a donné soixante.

MARIE - Quoi ? Seulement soixante francs ? Mais c'est du vol ! Quand il l'aura coupé en tranches, il va le revendre dix fois plus cher.

JEANNOT - Vous faites vraiment la paire toutes les deux ! Il m'est difficile de savoir laquelle est la plus honnête.

Fernand rentre dans le presbytère.

FERNAND - Bonjour monsieur le curé.

JEANNOT - Bonjour !

FERNAND *(à Jeannot)* - Mais vous nous avez caché un trésor !

JEANNOT - Ah bon ! Lequel ?

FERNAND - Cette charmante jeune fille.

JEANNOT - C'est la nièce de Marie. Sa maman habitant Lyon est gravement malade, c'est la raison pour laquelle elle va habiter quelque temps au presbytère.

FERNAND - Vous avez raison, l'air de la campagne lui fera le plus grand bien. *(Il s'approche de Ninon.)* Comment vous appelez-vous ?

NINON - Ninon !

FERNAND - Eh bien, Ninon, bienvenue dans notre beau village de Chalamont. *(À Jeannot.)* Je trouve qu'elle sent le jambon cru.

JEANNOT - Vous trouvez ?

FERNAND - Oh oui ! Évitez de la faire sortir, sinon elle va avoir tous les chiens du village aux fesses.

JEANNOT - Merci du conseil. Marie, pouvez-vous préparer le repas ?

MARIE - Oui mon père.

JEANNOT - Ninon, avant de passer à table, change de vêtements.

NINON - Oui mon père. *(Elles partent.)*

JEANNOT - Monsieur le maire, vous prendrez bien un petit coup de mirabelle ?

FERNAND - Ma foi, c'est pas de refus.

Jeannot sert deux verres de mirabelle.

JEANNOT - Vous n'êtes pas passé sans raison, monsieur le maire. Que puis-je faire pour vous ?

FERNAND - Je dois vous avouer que je ne vais jamais à la messe, ma femme prie pour moi et je l'attends au bistrot d'en face. Mais pour votre premier jour dans notre commune, je me devais d'assister à l'office et j'ai été très surpris par cette nouvelle façon de dire la messe.

JEANNOT - C'est le Vatican qui nous impose de nous moderniser pour être plus près des fidèles. À présent, on ne dit plus la messe, on l'improvise.

Fernand - Votre pape a eu une riche idée. *(Il lui serre la main.)* Merci mon père, je n'ai jamais autant ri de ma vie. À partir d'aujourd'hui, j'assisterai à la messe tous les dimanches. Par contre une petite chose me chagrine.

Jeannot - Laquelle ?

Fernand - Vous êtes le seul à boire. Remarquez, c'est normal, vous êtes le curé, mais avez-vous pensé à nous, pauvres pécheurs ?

Jeannot - Je vous promets que dimanche prochain, pour vous faire plaisir, je remplacerai l'eau bénite par du vin.

Fernand - Ah ! merci mon père ! Par contre, vous avez mis une belle pagaille dans le village.

Jeannot - Ce n'était pas mon intention.

Fernand - Je sais bien que vous respectez les directives du pape en disant la messe en moderne. N'empêche, certains villageois sont favorables, d'autres sont contre, mais tout le monde parle de vous. Je suis sûr que les fidèles des autres villages vont déserter leur église pour venir à la messe ici.

Jeannot - Je reste humble, monsieur le maire, je ne suis qu'un pauvre petit curé de campagne qui ne cherche ni la gloire, ni la fortune ; seule la propagation des évangiles suffit à mon bonheur.

Fernand - Je n'ai pas tout compris, mais vous parlez bien.

Jeannot - Certains jours, je m'étonne moi-même.

Fernand - Ce n'est pas le tout, mais ma mère doit m'attendre pour le repas. À bientôt mon père.

Jeannot - Au fait, avez-vous trouvé votre voleur ?

Fernand - J'ai battu la campagne sans succès. Pas de voleur dans les parages. La gendarmerie a raison, il doit être loin.

JEANNOT - Ne vous inquiétez pas, l'assassin revient toujours sur les lieux du crime. Bonne journée monsieur le maire, que Dieu vous garde ! *(Fernand part.)* Je ne sais pas pourquoi, mais ce maire ne me dit rien qui vaille. Enfin, nous verrons bien…

Marie rentre sur scène.

MARIE - Mon père, pardonnez-moi d'avoir été injuste avec vous, mais je ne savais pas que le Vatican avait donné l'ordre de dire la messe en moderne…

JEANNOT - Cela ne vous suffit pas de me voler, mais en plus vous écoutez aux portes.

MARIE - Bien malgré moi mon père. Je passais par hasard…

JEANNOT - Et vous pensez peut-être que je vais vous croire ?

MARIE - Non ! Mais par contre le maire a raison : encore deux ou trois messes et c'est tout le département qui va se presser aux portes de l'église. Vous vous rendez compte de l'argent que nous allons récolter à la quête ?

JEANNOT - Ce n'est pas le département que je veux, mais la France entière et… même l'étranger.

MARIE - L'église va être trop petite.

JEANNOT - Nous construirons une cathédrale, Marie. Une cathédrale !

MARIE - Vous vous sentez bien mon père ? Ce ne sont pas les effets secondaires de la mirabelle ?

JEANNOT - Non, Marie. La lumière céleste guide mes pas. Dieu, de son doigt divin, m'a choisi entre tous. Marie, non pas vous, la Vierge, sera parmi nous prochainement. Lourdes sera désertée, vidée de ses fidèles, ils seront tous à Chalamont. *(Entrée de Ninon habillée en robe de bure ou en blouse.)* Quel est cet accoutrement ? Tu vas garder les chèvres ?

NINON - Demandez à Marie.

JEANNOT - Vous pouvez m'expliquer Marie ?

MARIE - Vous n'avez pas vu les vêtements qu'elle a dans sa valise ?

JEANNOT - Non !

MARIE - Eh bien, ce sont ceux d'une aguicheuse et je refuse que ma nièce s'habille de cette façon.

JEANNOT - Vous ne prenez pas un peu trop votre rôle au sérieux Marie ? *(À Ninon.)* Qu'ont-ils donc de si indécent tes vêtements ?

NINON - Rien ! Ils sont à la mode de Lyon.

MARIE - Il n'y a vraiment rien de bon dans ces grandes villes.

JEANNOT *(à Ninon)* - Je trouve que ce petit côté pauvre te va très bien. Vous avez eu une bonne idée Marie.

MARIE - Merci mon père. *(À Ninon.)* Tu vois que j'avais raison.

JEANNOT *(à Ninon)* - Fais-moi plaisir, continue à porter ces vêtements, tu comprendras bientôt pourquoi.

NINON - Je veux bien me déguiser, mais à certaines conditions.

JEANNOT - Lesquelles ?

NINON - Je ne veux plus dormir sur la paille.

JEANNOT - Marie va faire tout son possible pour te trouver un matelas.

NINON - Ensuite je ne supporte plus les jambons suspendus dans ma chambre, ils me font peur. Imaginez si l'un deux se décroche pendant la nuit, le lendemain, vous me retrouvez morte.

MARIE - Ça ne serait pas une grosse perte.

JEANNOT - Marie, vous n'avez pas honte de parler ainsi ?

MARIE - Je vous avertis : si l'on touche à mes jambons, je quitte le presbytère.

JEANNOT - Je vous donne vingt francs pour le déménagement de vos jambons.

MARIE - Non, trente francs !

JEANNOT - Marché conclu.

MARIE - Par contre, je les mets où ?

JEANNOT - Dans votre chambre ; de cette façon, ils seront sous haute surveillance.

MARIE - On voit bien que vous n'y connaissez rien sur les jambons. Ma chambre est au nord et seule une exposition au sud permet aux jambons d'atteindre la maturité nécessaire.

JEANNOT - Je ne vois qu'une solution : l'église !

MARIE - Vous n'y pensez pas, mes jambons dans l'église !

NINON - Entre le Christ et la Vierge, au niveau déco, on peut trouver mieux.

MARIE - Vous voyez, même la petite me donne raison.

JEANNOT - Je vous fais confiance, vous dénicherez bien un endroit idéal et discret. Allez, exécution ! Ninon, donne-lui un coup de main. Marie, entre deux pendaisons de jambons, vous passerez chez la boulangère pour l'informer que je veux la voir ce soir à vingt heures. Votre présence toutes les deux sera également indispensable.

MARIE - Pourquoi nous ? La boulangère ne vous suffit pas ?

JEANNOT - Pas de discussion. Allez pendre vos jambons.

Noir ou rideau

JEANNOT - Vous avez toutes les trois un point commun et c'est la raison pour laquelle je vous ai réunies ici ce soir. Savez-vous lequel ?

MARIE - À part habiter à Chalamont, je ne vois pas.

NINON - Et encore, je suis de Lyon.

THÉRÈSE - J'ai beau réfléchir, je ne trouve pas. Je vends du pain, les autres pas.

NINON - Marie fait des jambons.

MARIE - Thérèse court après les hommes…

THÉRÈSE - Ce n'est pas parce que vous êtes un cul béni que vous avez le droit de porter un jugement sur les autres.

NINON - Moi, ce sont les hommes qui me courent après.

MARIE - Tu vas te taire, petite voleuse ?

JEANNOT - Voilà ! Le mot est lâché : voleuse. Vous êtes toutes les trois des voleuses.

MARIE - Monsieur le curé, je ne vous permets pas de me traiter de voleuse devant Thérèse.

JEANNOT - Parlons-en de Thérèse, celle qui vole tout le village en trichant sur le poids du pain !

MARIE - C'est pas Dieu possible ! Et dire que les gens lui font confiance ! Vous avez de la chance d'être la seule boulangerie du village, sinon je vous jure que j'irais acheter mon pain ailleurs.

THÉRÈSE - Vous semblez ignorer que chez moi, le pain est gratuit pour vous.

JEANNOT - Avez-vous fini vos querelles de clocher?

THÉRÈSE - Oui mon père.

NINON - C'est sans doute pour nous punir que nous sommes là, réunies?

JEANNOT - Bien au contraire. C'est pour vous faire gagner beaucoup d'argent.

MARIE - C'est combien beaucoup?

JEANNOT - Des millions.

MARIE - Pouvez-vous me dire en volume ce que ça représente? Moi les millions ça ne me parle pas!

Jeannot, avec ses mains, montre à Marie en se servant de la table comme mesure, la quantité du tas de billets.

NINON - Ah! quand même!

THÉRÈSE - Les billets sont de combien?

JEANNOT - En coupures de cinq cents francs.

MARIE - Mais c'est impossible de dépenser une somme pareille!

NINON - Moi, je ferais le tour du monde!

THÉRÈSE - C'est dangereux de posséder une somme aussi importante, on risque de se faire voler.

NINON - Et même tuer.

MARIE - Dites-moi mon père, c'est bien beau de nous faire rêver, mais que faut-il faire pour gagner tout cet argent?

THÉRÈSE - J'espère que votre proposition n'est pas malhonnête.

JEANNOT - Et c'est vous qui avez le toupet de dire ça !

THÉRÈSE - Oui ! Pourquoi ?

JEANNOT - Il me semble que pour voler votre prochain, vous n'avez à recevoir de leçon de personne.

NINON - Mon père, n'écoutez pas Thérèse et dites-nous ce qu'il convient de faire, moi je suis prête à tout.

JEANNOT - Il suffit de dire un petit mensonge, ensuite je vous confesse et Dieu vous pardonnera.

MARIE - C'est vraiment trop beau pour être vrai.

THÉRÈSE - J'ai l'impression que je me suis déplacée pour rien.

JEANNOT - Je vous explique. Ninon va voir une apparition dans l'église.

NINON - Je veux bien, mais qui apparaît ?

JEANNOT - La Vierge !

MARIE - Doux Jésus ! Elle va venir à l'église ?

THÉRÈSE - J'aimerais bien être là pour la voir, moi aussi.

NINON - Et elle vient comme ça, sur commande ?

JEANNOT - Mais non ! C'est le mensonge !

MARIE - Je n'ai rien compris.

THÉRÈSE - Moi non plus ! Pour une fois, j'ai le même avis que vous.

JEANNOT - Avez-vous fini de jacasser ?

MARIE - Oui mon père.

JEANNOT - Je continue. Nous choisissons un jour où quelques femmes pieuses sont présentes. Ninon ira se mettre à genoux devant l'autel.

Marie - Ninon priant à genoux, on aura tout vu !

Ninon - Et alors ? J'ai bien le droit moi aussi de parler à Dieu !

Jeannot - Taisez-vous ! Sinon, je change de paroisse.

Ninon - Bien mon père.

Jeannot - Pendant que Ninon prie, Marie fera le ménage dans l'église. *(À Marie.)* Pouvez-vous donner un coup de balai ?

Marie - Et pourquoi moi ? La petite vient tout juste d'arriver et elle décroche le premier rôle, et moi avec mes années d'ancienneté je suis condamnée à jouer les seconds rôles.

Jeannot - C'est pour cette raison que je vous ai choisie. Tout le monde vous connaît et personne ne mettra votre parole en doute.

Marie - Ça c'est sûr, la parole d'une honnête femme, c'est important.

Jeannot - Honnête ! Peut-être pour les autres, mais pas pour moi. Mais revenons à notre apparition. Donc Ninon prie. Au bout de cinq minutes, elle crie très fort : « Mère du Ciel, vous m'avez fait peur… Oui, je me calme… Oui, je vous écoute. » Et puis, elle s'évanouit. Marie, vous vous précipiterez vers Ninon, vous la portez dans vos bras et vous l'emmener au presbytère.

Thérèse - Et moi, j'ai quel rôle dans cette apparition ?

Jeannot - Tout le village vient acheter du pain chez vous.

Thérèse - Il n'a pas le choix, je suis la seule boulangerie.

Marie - Sans concurrence, cette situation est anormale, elle peut fixer les prix comme bon lui semble et en plus, elle triche sur le poids.

Thérèse - Et vous ! Vous pensez être honnête en volant notre bon curé ?

JEANNOT - Mais vous êtes infernales toutes les deux, vous n'allez pas vous taire une bonne fois pour toutes !

MARIE - Excusez-moi mon père, mais c'est plus fort que moi.

JEANNOT - Vous Thérèse, je vous charge de dire discrètement à vos clients que la nièce de Marie a vu la Vierge apparaître et qu'elle lui a parlé.

NINON - Et elle m'a dit quoi la Vierge ?

JEANNOT - Je ne sais pas encore, mais je vais trouver.

MARIE - Vous croyez sincèrement que ça va marcher votre truc ? Et les billets de cinq cents francs vont venir comment ?

JEANNOT - Mais réfléchissez, toute la France va venir en pèlerinage à Chalamont, ce qui nous permettra de vendre des images pieuses, des bougies… Comme à Lourdes.

MARIE - Peut-être, mais à Lourdes, il y a des miracles.

JEANNOT - Je sais. Malheureusement, c'est ce qui nous manque.

THÉRÈSE - J'ai peut-être une idée. Vous connaissez la mère Rivoire ?

JEANNOT - Non !

MARIE - C'est la femme qui est aveugle ?

THÉRÈSE - Oui ! Et si vous saviez, elle y voit aussi bien que vous et moi.

MARIE - Je ne vous crois pas !

JEANNOT - Expliquez-vous Thérèse.

THÉRÈSE - À une certaine époque, je batifolais avec le médecin du village…

MARIE - Rien d'étonnant ! Médecin, instituteur, pharmacien, tout le monde y passe avec Thérèse.

JEANNOT - Marie ! Encore une réflexion de ce genre et vous pouvez dire adieu à vos billets de cinq cents francs.

MARIE - Si vous touchez mon point sensible, je me tais.

JEANNOT - Continuez Thérèse, je vous écoute.

THÉRÈSE - Un soir, sur l'oreiller, Loulou, bien que ce ne soit pas son vrai prénom, j'aimais bien l'appeler ainsi pour le taquiner et pour le voir se mettre dans une rage folle…

JEANNOT - Cela ne nous intéresse pas. Venez-en aux faits !

THÉRÈSE - Il m'a avoué que la mère Rivoire n'était pas aveugle.

NINON - Pourquoi fait-elle semblant ?

THÉRÈSE - Veuve, sans enfants, ni famille, elle vit misérablement. Sa pension d'invalidité étant ridiculement basse, elle est obligée de voler dans tous les magasins pour survivre.

NINON - Et elle ne s'est jamais fait prendre ?

THÉRÈSE - Pensez donc, une aveugle ! Personne ne faisait attention à elle, même moi qui pourtant connaissais son secret, je la laissais faire.

JEANNOT - Eh bien voilà ! Nous l'avons trouvé notre miraculée.

THÉRÈSE - En lui proposant une bonne somme d'argent et un billet de train pour qu'elle aille habiter ailleurs, je ne pense pas qu'elle refuse.

JEANNOT - Dites-lui qu'elle passe me voir, je m'arrangerai avec elle. Et le médecin, faut-il également le payer ?

THÉRÈSE - Il est mort de la tuberculose en emportant son secret avec lui.

Jeannot - Parfait ! Paix à son âme !… Ninon !

Ninon - Oui mon père ?

Jeannot - Dimanche prochain, pendant la messe, tu iras en direction de la mère Rivoire et, arrivée devant elle, tu poseras la paume de tes mains sur sa tête.

Ninon - Et alors ?

Jeannot - La mère Rivoire jettera sa canne blanche en l'air en criant : « Miracle ! Je vois ! Je vois ! »

Ninon - Des journalistes seront-ils présents pour me prendre en photo ?

Jeannot - Pas ce jour-là, mais rassure-toi, ils ne vont pas tarder à venir à Chalamont. Ils n'ont pas si souvent un miracle à se mettre sous la dent.

Marie - Si je comprends bien, nous allons faire de la concurrence à Lourdes.

Jeannot - Pas seulement. Chalamont deviendra un lieu incontournable de pèlerinages, comme Saint-Jacques-de-Compostelle, et les billets de cinq cents francs tomberont du ciel.

Thérèse - J'espère qu'ils ne tomberont pas dans la rue car je n'ai pas envie de partager.

Marie - Ne vous inquiétez pas, je suis en première ligne et je veille au grain !

Jeannot - Fêtons notre association. Mirabelle pour tous !

Rideau

ACTE 2

La table de la cuisine s'est transformée en bureau. Elle est encombrée par des classeurs. Jeannot est assis à la table, il téléphone.

JEANNOT - Pour mille cinq cents médailles de la Vierge, je veux une ristourne de dix pour cent. (…) Je vous remercie pour ce geste généreux. Vous avez prévu la livraison à quelle date ? (…) Si vous respectez les délais, je ne devrais pas être en rupture de stock. (…) Je vous souhaite une bonne journée. *(Il raccroche.)*

Marie rentre en scène, elle ne porte plus sa blouse de servante mais un tailleur. Elle a adopté le style femme d'affaires.

MARIE - Mon père, un journaliste demande un entretien.

JEANNOT - Dites-lui que je me suis retiré dans ma chambre pour prier.

MARIE - Je peux le recevoir si vous voulez.

JEANNOT - Voyez avec lui, mais faites attention aux questions pièges.

MARIE - J'ai l'habitude maintenant. Par contre, avez-vous pensé à commander des cierges de vingt centimètres ?

JEANNOT - La livraison est prévue demain.

MARIE - C'est parfait.

JEANNOT - Vous direz à Ninon que je veux lui parler.

MARIE - Je ne sais pas où elle est, je la cherche partout. Nous avons un photographe qui l'attend depuis plus d'une heure.

JEANNOT - Pour quoi faire ?

MARIE - Il veut la prendre en photo pour imprimer des images pieuses.

JEANNOT - C'est une bonne idée, mais surveillez les prises de vue car je connais Ninon qui aime toujours faire sa star et il est fort à craindre, avec elle, que les images pieuses ne se transforment en publicité pour les « Folies Bergères ».

MARIE - Voyez cette question vous-même, je n'ai pas le temps, j'attends d'une minute à l'autre un car d'Italiens. À ce propos, il faudrait embaucher des hôtesses bilingues.

JEANNOT - Nous verrons plus tard, trop de frais tuent les bénéfices.

MARIE - Peut-être, mais je ne peux pas être partout et nous perdons du chiffre d'affaires.

JEANNOT - Je vais essayer de trouver une solution à ce problème.

MARIE - Merci mon père.

Marie sort de scène. Thérèse entre dans le presbytère.

JEANNOT - Thérèse ! C'est un plaisir de vous voir, vous vous faites rare.

THÉRÈSE - Ne m'en parlez pas. Je n'ai même plus une minute à moi. Je devais ouvrir une deuxième boulangerie en fin de semaine et, ce matin, les ouvriers m'ont annoncé un retard de quinze jours pour terminer le chantier.

JEANNOT - Prenez votre mal en patience.

THÉRÈSE - Ce ne sont pas vos belles paroles qui vont résoudre mes problèmes.

JEANNOT - Pourtant tout semble bien marcher pour vos affaires, vous avez même embauché une vendeuse pour vous remplacer.

THÉRÈSE - Oui, mais elle s'intéresse un peu trop à mon mari. Il fait toujours du bon pain, mais il ne dort plus et c'est la production qui s'en ressent.

JEANNOT - J'ai entendu dire qu'elle était jeune et belle.

THÉRÈSE - C'est important pour la clientèle.

JEANNOT - Ne vous inquiétez pas, tout nouveau tout beau, il s'en lassera.

THÉRÈSE - Il vaudrait mieux, sinon je la licencie.

JEANNOT - Vous avez la mémoire courte, Thérèse, n'oubliez pas que tous les mâles du canton ont profité de vos charmes.

THÉRÈSE - Pas tous quand même.

JEANNOT - Admettons. Mais laissez donc votre mari profiter un peu de la vie, il l'a bien mérité.

Le maire rentre dans le presbytère.

THÉRÈSE - Bonjour monsieur le maire. Au revoir mon père, je retourne au travail.

FERNAND - Mon père, il faut que je vous parle.

JEANNOT - Vous avez l'air soucieux.

FERNAND - Disons que depuis votre arrivée, Chalamont a bien changé.

Jeannot - C'est vrai ! Vous devriez être fier, votre village est connu de la France entière et même à l'étranger. Croyez-moi, il vaut mieux faire la une des journaux pour un miracle que pour un crime. Vous ne pensez pas ?

Fernand - À choisir, j'aurais préféré un crime, la police vient faire son boulot et repart. Tandis que là, il y a désormais plus de voitures dans les champs que de vaches et je ne vous parle pas des cars de touristes. La gendarmerie a demandé du renfort pour régler les problèmes de circulation. Les gendarmes n'ont même plus le temps de prendre l'apéritif.

Jeannot - Que voulez-vous, c'est la rançon de la gloire.

Fernand - Oui, mais vous êtes le curé et non le maire. Moi j'ai toute la population sur le dos. Le seul qui ne se plaint pas c'est le patron du bar. Il a été obligé de commander des tables et des chaises supplémentaires pour transformer le jeu de boules en terrasse.

Jeannot - Je comprends que cette situation puisse vous poser des problèmes, mais je ne suis pas responsable, c'est Dieu qui a choisi Ninon entre toutes les femmes.

Fernand - Et comment a-t-il fait ? En regardant la terre, il a posé son doigt au hasard désignant Ninon ?

Jeannot - Les voies du Seigneur sont impénétrables.

Fernand - Cela ne résout pas mes problèmes.

Jeannot - Si la paroisse verse un don important à la mairie et à ses électeurs, pensez-vous que ce geste puisse calmer les esprits ?

Fernand - S'ils gagnent de l'argent sans rien faire, je suis sûr qu'ils seront moins regardants.

Jeannot - Vous pouvez également leurs annoncer que des promoteurs cherchent du terrain à bâtir pour construire des hôtels.

Le prix du mètre carré va considérablement augmenter. L'herbe à vache va se transformer en louis d'or.

FERNAND - Je ne demande qu'à vous croire.

JEANNOT - Je vous offre une petite goutte de mirabelle ?

FERNAND - Non merci ! Je n'ai pas le cœur à boire.

Jeannot raccompagne le maire jusqu'à la porte du presbytère.

JEANNOT - Si vous avez des problèmes, venez me chercher, j'irai leur parler.

FERNAND - Merci mon père. *(Il part.)*

JEANNOT *(seul)* - Il faut que je fasse attention à ce maire, il ne me plaît guère, les gens honnêtes cachent toujours quelque chose. *(Ninon entre.)* Où étais-tu passée, Ninon ? Tout le monde te cherche !

NINON - Je me cache.

JEANNOT - Pourquoi ?

NINON - Si j'ai le malheur de sortir dans la rue, les gens me touchent, me caressent, m'embrassent, il y a même une femme qui m'a coupé une mèche de cheveux.

JEANNOT - Tu es devenue une icône pour eux.

NINON - Mais moi je ne veux pas. Je préfère encore dormir avec les jambons plus tôt que de me faire tripoter.

JEANNOT - Je dois reconnaître que nous sommes un peu dépassés par les événements. Le succès a été trop rapide, mais il faut s'adapter, car l'argent coule à flots.

NINON - Je vais vous faire de la peine mon père, mais j'étais plus heureuse avant.

JEANNOT - Pauvre Ninon, bientôt tu seras très riche et tu pourras réaliser ton rêve : faire le tour du monde. Pour l'instant repose-toi dans ta chambre, Marie viendra te chercher pour souper.

NINON - Bien mon père.

Ninon sort pendant que Marie entre. Elles se croisent.

MARIE *(à Ninon)* - Enfin te voilà. Va vite dans l'église, des Italiens veulent te prendre en photo.

NINON - Jamais, vous m'entendez, jamais je ne remettrai les pieds à l'église. *(Elle part.)*

MARIE - Que se passe-t-il mon père, elle a un problème ?

JEANNOT - Elle est très fragile, j'ai bien peur qu'elle nous lâche dans peu de temps.

MARIE - Tant mieux, cela nous fera moins d'argent à partager avec elle.

JEANNOT - Vous avez raison, ne nous laissons pas attendrir. Vous vouliez me parler ?

MARIE - Oui ! Nous avons un problème.

JEANNOT - C'est grave ?

MARIE - Pas encore, mais cela peut le devenir.

JEANNOT - Je vous écoute.

MARIE - Nous sommes en présence de centaines de malades et d'handicapés qui espèrent une guérison et évidemment ils partent tous déçus.

JEANNOT - Et cela vous étonne ?

MARIE - Pas du tout, surtout quand on sait de quelle façon la Vierge est apparue. Mais à ce jour, nous n'avons qu'une miraculée et si un autre miracle ne se produit pas prochainement, ils vont tous retourner à Lourdes.

JEANNOT - J'ai peut-être une idée. Rejoignez vos pèlerins et je vous tiendrai informée. *(Il décroche le téléphone et compose un numéro.)* Allô! Alfred! C'est Jeannot. (…) Tu as vu ma photo dans la presse? Eh bien profite de ma notoriété. Pour une fois que je ne suis pas dans les faits divers… Tu as toujours ton curé? (…) Parfait! Venez tous les deux me voir demain soir à vingt-deux heures au presbytère. J'ai besoin de vous. (…) Pour quoi faire? Un double miracle. Sois discret, tu dois impérativement passer pour incognito. (…) Mais non! Ce n'est pas un Italien, incognito, cela signifie que personne ne te voit. À demain. *(Marie rentre.)* Marie, j'ai une bonne nouvelle! La semaine prochaine ce n'est pas un miracle que vous allez avoir, mais deux!

MARIE - Doux Jésus, c'est magnifique! Comment faites-vous?

JEANNOT - C'est un secret.

MARIE - Par contre le montant des bénéfices engrangés n'est pas secret. Nous en sommes à combien?

JEANNOT - Je ne sais pas, je n'ai pas encore eu le temps de compter, l'argent rentre trop vite. *(Thérèse rentre en pleurs dans le presbytère.)* Que vous arrive-t-il Thérèse?

THÉRÈSE - C'est mon mari…

JEANNOT - Il est malade?

THÉRÈSE - Non!

MARIE - Il est mort?

THÉRÈSE - Non!

JEANNOT - Alors tout va bien, ce n'est pas la peine de pleurer.

Thérèse - C'est vous qui le dites. Mon mari est parti avec la vendeuse et la caisse. Vous vous rendez compte ? La recette d'une semaine !

Marie - Pour quelqu'un qui dort constamment, je le trouve bien réveillé cet homme.

Jeannot - Il faut trouver un boulanger rapidement, sinon ce sera la révolution dans le pays.

Thérèse - C'est le mien que je veux.

Marie - Il fallait y penser avant. Quelle idée aussi d'embaucher une jeunette.

Thérèse - Il ne faisait jamais attention à moi, je pensais qu'avec elle c'était pareil.

Marie - À une différence près, c'est que vous n'êtes pas un petit perdreau de l'année.

Thérèse - Dites tout de suite que je suis vieille ! Regardez-vous avant de parler !

Le maire, en colère, entre dans le presbytère.

Fernand - Je vous cherchais Thérèse. Je viens d'apprendre que votre mari est parti avec sa vendeuse.

Thérèse *(en pleurs)* - Oui…

Fernand - Qui va faire le pain maintenant ?

Thérèse *(en pleurs)* - Je ne sais pas…

Fernand *(à Jeannot)* - On peut dire que vous avez fait du beau boulot. Les fermiers se battent pour vendre leurs terres. Les habitants se battent pour faire des chambres d'hôtes. Les vieux se battent à qui aura la meilleure place pour voir passer les pèlerins. On ne peut plus mettre un pied dans la rue sans avoir peur de se faire écraser par une voiture. Et maintenant nous n'avons plus de boulanger.

JEANNOT - Vous n'allez quand même pas me rendre responsable de tout ce qui se passe dans votre commune !

FERNAND - Eh bien, justement, oui ! Vous êtes peut-être le curé, mais mois je suis le maire et je vous donne une semaine pour que le calme revienne à Chalamont. Et vous me ferez plaisir d'enlever très rapidement toutes les ventes de médailles sur les trottoirs.

MARIE - Les médailles sont à moi ! Vous avez quelque chose contre le petit commerce ?

FERNAND - Ça dépend lequel ! *(À Jeannot.)* Vous avez entendu ? Je patiente une semaine, après j'écrirai au président de la République ou au pape si nécessaire. Je ne vous salue pas !

Le maire sort du presbytère.

MARIE - Je ne pense pas qu'il plaisantait.

JEANNOT - Cela nous laisse un peu de temps ; avant qu'il écrive et reçoive une réponse, cela va demander un mois, nous allons nous donner trois semaines.

MARIE - Et après ?

JEANNOT - On se partage les bénéfices et chacun part faire sa vie de son côté.

THÉRÈSE - Et moi, qu'est-ce que je vais devenir ?

JEANNOT - Ne vous inquiétez pas. Vous l'aurez votre part du gâteau. En attendant, allez prier dans l'église pour le retour de votre mari.

THÉRÈSE - Vous pensez que je peux espérer ?

JEANNOT - Si Dieu vous entend, pourquoi pas ! *(Thérèse sort du presbytère.)* Marie, pouvez-vous aller me chercher Ninon ?

MARIE - Elle doit être encore en train de dormir cette paresseuse.

JEANNOT - Je me passe de vos commentaires.

Marie part, Jeannot marche de long en large, il a l'air soucieux. Ninon entre.

NINON - Vous m'avez fait demander ?

JEANNOT - Oui Ninon ! Comment te sens-tu ?

NINON - Pas très bien. J'ai l'impression d'avoir un pivert dans la tête.

JEANNOT - Je vais demander à Marie de te préparer de l'aspirine.

NINON - Merci mon père.

JEANNOT - Si j'ai demandé à te voir c'est que nous avons un petit problème.

NINON - Ah bon ! Je croyais que tout allait bien.

JEANNOT - C'est vrai, mais le maire ne l'entend pas de la même façon. Il nous menace d'écrire au pape.

NINON - Et alors ? Vous êtes curé, pas lui.

JEANNOT - Oui, mais imagine qu'une enquête soit diligentée sur place et que l'on découvre la supercherie.

NINON - C'est effectivement embêtant. Que faut-il faire ?

JEANNOT - Jouer le jeu encore pendant trois semaines, ensuite on arrête tout et l'on se partage l'argent.

NINON - Qu'entendez-vous par jouer le jeu ?

Jeannot - Il faut que tu retournes dans l'église au milieu des pèlerins.

Ninon - Ah non ! Je refuse de me faire tripoter.

Jeannot - Ce n'est que pour quelques jours seulement.

Ninon - N'essayez pas de me convaincre, c'est non.

Jeannot - Maintenant ça suffit, tu arrêtes tes caprices et tu vas faire ce que je te dis, c'est un ordre.

Ninon - Je n'en ai rien à faire de vos ordres.

Jeannot - Nous verrons bien qui est le plus fort ici. Allez, file dans ta chambre, demain debout à six heures.

Ninon part en pleurs. Pour provoquer un effet de surprise, une comédienne, assise dans le public depuis le début de la pièce, se lève et interpelle Jeannot.

Amélie - Je vous interdis de parler ainsi à cette jeune fille.

Jeannot - De quoi je me mêle ?

Amélie - Ninon est une sainte, elle est pure.

Jeannot - Ça ne l'a pas empêchée de voler un jambon.

Amélie - Un prêtre est censé aimer son prochain et vous devez lui pardonner ses erreurs.

Jeannot - Qui êtes-vous pour me parler ainsi ?

Amélie - Je m'appelle Amélie et je suis la mère de Ninon.

Jeannot - Eh bien venez me rejoindre, je vais vérifier si vos propos sont vrais. *(Amélie monte sur scène. Jeannot ouvre la porte donnant sur la chambre et crie.)* Ninon, j'ai une surprise pour toi !

Ninon entre, elle voit sa mère et lui saute au cou.

NINON - Maman ! Tu es venue de Paris pour me voir !

JEANNOT - C'est vraiment votre fille ?

AMÉLIE - Vous en avez la preuve.

JEANNOT - Excusez-moi pour tout à l'heure, je me suis emporté…

AMÉLIE - Du moment où je retrouve ma fille, vous êtes pardonné.

NINON *(à Amélie)* - Tu ne peux pas savoir le plaisir que tu me fais.

AMÉLIE - Lorsque j'ai vu ta photo sur le journal à Paris, j'ai eu un choc. Avoir une fille sainte, ce n'est pas donné à toutes les mères. Mon sang n'a fait qu'un tour, j'ai sauté dans le premier train et me voilà !

NINON - Et ton comédien ?

AMÉLIE - Un minable sans talent, n'en parlons plus.

JEANNOT *(à Amélie)* - Que comptez-vous faire maintenant ?

AMÉLIE - Habiter avec ma fille.

JEANNOT - Je suis désolé, mais nous n'avons pas de place ici.

NINON - C'est vrai Maman !

AMÉLIE - Je ne vais quand même pas dormir dans l'église !

JEANNOT - Je ne vois pas d'autre solution.

NINON - Il serait peut-être possible que j'échange ma chambre avec Marie. Elle a un grand lit qui ne lui sert à rien, elle est seule.

JEANNOT - Je doute fort qu'elle accepte.

NINON - Elle n'a pas le choix ! Si elle n'accepte pas, je quitte Chalamont avec Maman.

AMÉLIE - Tu parles bien ma fille.

JEANNOT - L'argument est assez solide pour plaider ta cause.

AMÉLIE - Dites-moi, je n'ai pas vu le père Léon.

NINON - Il est mort Maman.

AMÉLIE - Quel dommage, un si bon père… *(À Jeannot.)* Je suis restée douze années à son service.

JEANNOT - Votre fille me l'a dit.

NINON - Je n'ai pas de chance, papa est parti sans même m'embrasser.

AMÉLIE - Il est mort, lui aussi.

NINON - Pourquoi lui aussi ? J'ai plusieurs papas ?

AMÉLIE - Mais non ! Tu en as un comme tout le monde.

JEANNOT *(à Amélie)* - Une explication s'impose, vous ne trouvez pas ?

AMÉLIE *(à Ninon)* - À Lyon, je t'ai dit : va voir le père Léon, il connaît ton père.

NINON - En arrivant ici, j'ai appris son décès. J'avais l'impression d'être orpheline. Heureusement, père Jean m'a accueillie gentiment au presbytère.

JEANNOT - Cela m'a paru normal, un prêtre doit venir en aide aux plus faibles.

AMÉLIE - Calmez-vous ! C'est ma fille qui fait des miracles, pas vous. *(À Ninon.)* Le père Léon savait qui était ton père, je lui avais dit un jour en confession.

NINON - C'est qui, Maman ?

AMÉLIE - Maintenant, je peux te le dire : c'est Fernand.

Jeannot - Fernand !

Ninon - Vous le connaissez mon père ?

Jeannot - Pas du tout !

Amélie - Mais si, Fernand Chardon, le maire de Chalamont.

Jeannot - Le maire ! Ah ! mon gaillard, cette fois je te tiens ! Amélie, je vous bénis, la chambre de Marie vous est acquise.

Amélie - Je n'en attendais pas moins de vous mon père. *(À Ninon.)* Tu as l'air déçu de connaître la vérité.

Ninon - À l'époque, tu te contentais de peu, tu aurais pu choisir un ministre.

Amélie - Tu as pris des goûts de luxe, ma fille.

Ninon - Mais non, je plaisante ! Mais pourquoi as-tu attendu si longtemps pour me le dire ?

Jeannot - Cette information est intéressante et m'offre un moyen inespéré de pression.

Amélie - Vous, ne vous mêlez pas de nos affaires personnelles ! *(À Ninon.)* Pour répondre à ta question, cette liaison avec le maire m'a laissé des marques douloureuses. J'ai tout fait pour l'oublier, jusqu'à te cacher son identité. Mais prise de remords, il fallait que tu connaisses enfin la vérité.

Ninon - Mais pourquoi tout ce temps ? Tu préférais que ce soit le père Léon qui me l'apprenne ?

Amélie - C'est une longue histoire.

Ninon - Allons dans la chambre de Marie pour que tu puisses me raconter cette longue histoire.

Elles partent. Jeannot lève les bras au ciel.

JEANNOT - Merci mon Dieu de m'avoir envoyé ce cadeau du ciel. Je suis sûr que vous avez reconnu mes bonnes actions. Vous m'avez aidé, je vous promets de vous être fidèle et de punir le maire comme il le mérite.

Noir ou rideau

Le lendemain matin, Jeannot est assis à table et boit son café. Marie entre, affolée.

MARIE - Mon père! Mon père!

JEANNOT - Marie! Je vous ai déjà dit de ne pas crier lorsque je bois mon café.

MARIE - Mais mon père, on a volé Jésus!

JEANNOT - C'est impossible, il est au ciel!

MARIE - Pas celui-là, je vous parle du Jésus de l'église.

JEANNOT - Calmez-vous et expliquez-moi!

MARIE - Ce matin, je suis allée ouvrir les portes de l'église. En passant devant l'autel, j'ai levé les yeux vers Jésus, la croix était vide.

JEANNOT - C'est impossible! Il est en bronze et pèse dans les cent cinquante kilos. Comment ont-ils fait?

MARIE - Ils ont enlevé les clous, je les ai retrouvés sur le sol.

JEANNOT - Je ne comprends absolument pas. Pourquoi voler Jésus?

MARIE - Ils vont peut-être nous demander une rançon?

JEANNOT - Mais non! Si j'étais un escroc, j'enlèverais Ninon, pas une statue en bronze. Ils ont commis ce larcin peut-être pour la faire fondre.

MARIE - Quelle horreur! Faire fondre Jésus!

JEANNOT - À moins que…

MARIE - Oui mon père…

JEANNOT - Le maire, bien sûr ! C'est un coup tordu du maire…

MARIE - Pourquoi il aurait fait une chose pareille ?

JEANNOT - Par vengeance. Mais il ne connaît pas la nouvelle qui risque fort de le déstabiliser.

MARIE - Quelle est cette nouvelle ?

JEANNOT - La mère de Ninon est dans votre chambre.

MARIE - C'est la raison pour laquelle vous m'avez envoyée coucher avec mes jambons prétextant que c'était pour la bonne cause ?

JEANNOT - Excusez-moi pour ce désagrément, mais cela m'a permis de connaître qui était le père de Ninon.

MARIE - Qui est-ce ?

JEANNOT - Le maire, Fernand Chardon.

MARIE - C'est pas Dieu possible ! Je savais bien que ce n'était pas le père Léon. Un vrai saint cet homme.

JEANNOT - Pour l'instant gardez ce secret pour vous, n'en parlez surtout à personne.

MARIE - Je vous le promets, mon père.

JEANNOT - Retournez vers vos pèlerins, moi je m'occupe du maire. *(Marie sort. Il décroche le téléphone et compose un numéro. Au même moment, un homme très bien habillé, costume-cravate, entre doucement dans le presbytère et il se place derrière Jeannot, au téléphone.)* Allô ! Alfred ! C'est Jeannot. J'ai besoin de tes services… *(L'homme tape sur l'épaule de Jeannot. Il sursaute et raccroche le téléphone.)* Qui êtes-vous ?

RENÉ - Jésus !

JEANNOT - Oui ! Eh bien moi, je suis le pape. Je ne reçois pas de journalistes le matin.

RENÉ - Vous m'avez mal compris. Je suis vraiment Jésus.

JEANNOT - Bien sûr ! Vous entrez dans un presbytère et vous êtes Jésus, puis vous entrez à la mairie et vous devenez Napoléon.

RENÉ - Je pardonne votre ignorance. Par contre, il ne vous a sans doute pas échappé que je ne suis plus sur la croix dans l'église.

JEANNOT - C'est vous qui l'avez volé ?

RENÉ - Non, je suis descendu tout seul.

JEANNOT - Bien sûr ! Et pour les clous, vous avez fait comment ?

RENÉ - Mon père m'a aidé.

JEANNOT - Et en plus vous avez un complice.

RENÉ - Mon père, c'est Dieu.

JEANNOT - Et votre grand-père, qui est-ce ?

RENÉ - À votre place j'éviterais de blasphémer.

JEANNOT - Avouez que cette situation est risible. Quand je vais dire à Marie que Jésus, habillé en costume-cravate, est venu me rendre visite, elle va encore m'accuser d'avoir abusé de la mirabelle.

RENÉ - Vous auriez peut-être préféré que je me présente à vous nu, comme sur la croix ?

JEANNOT - Vous n'y pensez pas ! Si une personne entre et me voit en compagnie d'un homme tout nu dans le presbytère, ma renommée est faite.

RENÉ - Ne vous fiez pas aux apparences, vous portez une soutane et pourtant l'habit ne fait pas le moine.

JEANNOT - Qu'insinuez-vous ?

RENÉ - Vous le saurez en temps voulu. Pour l'instant, j'aimerais vous parler de votre messe.

JEANNOT - Vous étiez présent à l'office ?

RENÉ - Je ne pouvais pas être mieux placé, j'étais au-dessus de l'autel, sur la croix.

JEANNOT - Arrêtez de plaisanter, je sais bien que vous n'êtes pas Jésus. Mais si vous étiez présent dans l'église, reconnaissez que j'ai obtenu un beau succès.

RENÉ - Jamais aucun prêtre ne s'est permis une telle désinvolture et je constate que vous avez fait preuve d'agissements des plus irrespectueux envers Dieu et tous les saints.

JEANNOT - Vous m'énervez vraiment. De quel droit vous vous permettez de me juger ?

RENÉ - Le droit divin, cela ne vous rappelle pas quelques souvenirs ?

JEANNOT - J'en ai vaguement entendu parler. *(Marie rentre.)* Marie, vous arrivez au bon moment. Connaissez-vous cet homme ?

MARIE - Non ! Mais c'est sans doute un journaliste !

JEANNOT - Monsieur prétend être Jésus.

MARIE - Je ne l'imaginais absolument pas comme ça. Sur les images pieuses, il porte de longs cheveux et une barbe. En tous les cas, je ne l'ai jamais vu en costume-cravate. En l'observant de plus près, je dirais qu'il a toute l'apparence d'un jeune cadre dynamique !

JEANNOT *(à Jésus)* - Vous voyez, même elle ne vous croit pas. *(À Marie.)* En plus, je vais vous faire rire Marie, il prétend que c'était lui qui était sur la croix et qu'il en est descendu tout seul.

MARIE - Il était caché derrière la statue en bronze ?

JEANNOT - Mais non ! C'est le bronze qui a fondu en costume-cravate.

MARIE - Vous m'embrouillez mon père avec toutes vos histoires et je vous assure que j'ai autre chose à faire que d'écouter vos bêtises.

RENÉ *(à Marie)* **-** C'est un beau prénom Marie.

MARIE - Oui ! Ma mère a dû penser à la Vierge en me prénommant comme ça.

RENÉ - C'est dommage que votre mère soit morte si jeune. Perdre la vie prématurément à trente-deux ans, c'est triste.

JEANNOT *(à Marie)* **-** Vous m'aviez bien dit qu'elle était malade, vous avez donc menti. Maintenant, j'ai des doutes sur l'état de votre père handicapé.

RENÉ - Son père est mort en héros sur un champ de bataille.

JEANNOT *(à Marie)* **-** Et dire que j'ai pris pitié de vous, ma bonté m'honore !

RENÉ *(à Marie)* **-** Je ne comprends pas, vous avez fait de très bonnes études à l'école communale, vous auriez pu rentrer dans l'administration, faire une belle carrière.

MARIE - Je sais !

RENÉ - Vous n'avez sans doute pas oublié le petit Pierrot, le rouquin qui était amoureux de vous. Vous auriez fait un bon mariage avec lui et, vous ne le savez peut-être pas, il réussit très bien et a une excellente situation à Paris.

MARIE - Mon père, protégez-moi, il me fait peur.

Jeannot - Mais non ! Il récite par cœur ce qu'un villageois lui a dit. Moi-même si j'avais eu l'information, je vous aurais tenu les mêmes propos.

Marie - Vous avez certainement raison, mais pour le petit Pierrot, personne ne le savait.

René - Monsieur le faux curé, maintenant à nous deux.

Marie - Alors ça j'hallucine ! Vous n'êtes pas prêtre ?

René - Eh oui Marie ! L'appât du gain vous a aveuglée. *(À Jeannot.)* Dieu vous a réservé une très bonne place en enfer pour avoir fait croire à tous ces pauvres gens qui se pressaient aux portes de l'église qu'ils pouvaient guérir.

Jeannot - Et le miracle, vous l'avez oublié ?

René - Vous parlez de cette pauvre femme qui a joué la comédie alors qu'elle n'était pas aveugle ?

Marie - Alors là mon père ! Il y a des choses qui ne s'inventent pas.

Jeannot *(à Marie)* - La boulangère a parlé, elle nous a tous trahis.

René - Détrompez-vous, Thérèse ne parle plus, elle prie pour le retour de son mari. Et vous Marie, si vous ne voulez pas finir carbonisée dans les flammes de l'enfer, sortez de ce presbytère. Quant à vous le faux curé, suivez-la, sinon Dieu va vous foudroyer sur place et il ne restera de vous qu'un petit tas de cendres.

Marie et Jeannot, affolés, sortent du presbytère.

Voix off - Gendarmerie ! Vous êtes en état d'arrestation !

Le maire entre dans le presbytère.

Fernand - Bravo René ! Grâce à toi, le village va enfin retrouver sa tranquillité.

René - Je peux te poser une question ?

FERNAND - Je t'écoute.

RENÉ - Comment savais-tu pour le petit Pierrot ?

FERNAND - À l'école, nous étions deux à être amoureux de Marie. À cette époque, j'étais timide et je n'ai jamais osé lui avouer mes sentiments.

RENÉ - Et pour la fausse miraculée ?

FERNAND - Un coup de chance ! Avec le départ de son mari, la boulangère était persuadée que Dieu l'avait punie et, pour soulager sa conscience, elle m'a tout avoué.

RENÉ - Tu veux un coup de main pour remettre Jésus sur la croix ?

FERNAND - Non, c'est très gentil à toi. Rentre à Lyon retrouver ta petite famille et encore mille fois merci !

RENÉ - Tout le plaisir a été pour moi. Au revoir Fernand !

René part, laissant le maire seul. Il se sert un petit verre de mirabelle.

FERNAND - À la mienne ! Une goutte de mirabelle bien méritée pour fêter cette victoire. *(Amélie et Ninon entrent.)* Amélie !

AMÉLIE - Fernand !

FERNAND - Mais que fais-tu ici ?

AMÉLIE - Je suis venue voir ma fille.

FERNAND - Alors c'est donc à toi cette belle plante.

NINON - Maman dis-lui que…

AMÉLIE - Laisse-moi faire. *(Au maire.)* Nous avons vu par la fenêtre la gendarmerie emmener père Jean et Marie. Que se passe-t-il ?

FERNAND - Ce sont deux escrocs qui pensaient s'enrichir en exploitant la crédulité et la misère de pauvres gens.

NINON - Je vais aller en prison moi aussi ?

FERNAND - Non ! J'ai dit aux gendarmes que tu étais maltraitée et qu'ils t'obligeaient à jouer la sainte. Rassure-toi, tu ne seras pas inquiétée.

AMÉLIE *(au maire)* - Merci d'avoir protégé Ninon.

FERNAND - Pas de quoi, c'est normal. Je l'ai trouvée tout de suite sympathique cette petite et je l'aime bien.

AMÉLIE - Tu n'as pas changé, toujours aussi gentil, mais toujours attiré par l'alcool.

FERNAND - Tu exagères !

AMÉLIE - Lorsque je suis entrée dans la pièce avec Ninon, tu avais la bouteille d'eau-de-vie à la main.

FERNAND - C'est exceptionnel, je t'assure ! Je bois uniquement pour les grandes occasions.

AMÉLIE - Excuse-moi, cela ne regarde que ta femme. As-tu des enfants ?

FERNAND - Non ! Je suis célibataire et je vis toujours avec ma mère qui est bien âgée maintenant. Et toi ? Ton mari était bien du village ?

AMÉLIE - Non ! Je suis également célibataire.

FERNAND - Tu ne vas pas me faire croire que Ninon est la fille du Saint-Esprit !

AMÉLIE - Je te rassure, il n'y est pour rien, mais il faut que je t'avoue quelque chose : c'est toi le père.

Ninon se jette dans les bras du maire.

NINON - Papa !

FERNAND - Je t'en prie Ninon, pas d'effusion de tendresse, tu risques de me faire pleurer.

NINON - Ce n'est pas de ma faute si j'ai enfin un papa.

FERNAND *(à Amélie)* - Pourquoi, pendant toutes ces années, ne m'as-tu rien dit ?

AMÉLIE - À l'époque, tu étais un coureur de jupons et j'étais persuadée que tu avais des enfants aux quatre coins du village. Mais surtout, le père Léon m'a vivement conseillé de partir, prétextant que cet enfant était le fruit du péché car conçu hors mariage.

Ninon sort du presbytère.

FERNAND - Le père Léon savait que Ninon était ma fille ?

AMÉLIE - Oui ! Je lui ai révélé le nom du père.

Thérèse rentre dans le presbytère.

THÉRÈSE - Ah ! monsieur le maire, je vous cherche partout !

FERNAND - Que vous arrive-t-il ?

THÉRÈSE - Dieu a entendu mes prières, mon mari est revenu. Pour le punir de son escapade, je l'ai mis immédiatement au travail. Ce soir tout le village aura du pain.

FERNAND - C'est une très bonne nouvelle ! Et merci de nous avoir aidés à l'arrestation du faux curé.

THÉRÈSE - Je suis une femme droite et honnête monsieur le maire, mon devoir était de vous tenir informé.

FERNAND - Vous avez toute ma reconnaissance, mais à votre place, j'irais voir si votre mari ne s'est pas endormi sur un sac de farine.

THÉRÈSE - Vous avez raison. À bientôt, monsieur le maire.

Thérèse sort du presbytère.

Amélie - À ton avis, je suis transparente ?

Fernand - Je ne comprends pas, transparente comment ?

Amélie - Invisible si tu préfères.

Fernand - Pas à mes yeux !

Amélie - Alors peux-tu m'expliquer pourquoi ta boulangère m'a complètement ignorée ?

Ninon revient, portant une valise.

Fernand - Ne fais pas attention à son comportement, quand tu seras ma femme, elle te fera des courbettes.

Amélie - Peux-tu répéter doucement ce que je viens d'entendre ?

Fernand - Eh bien… Eh bien…

Amélie - Eh bien quoi ?

Fernand - Je serais honoré que tu acceptes de devenir ma femme.

Ninon - S'il te plaît Maman, dis-oui !

Amélie - Oui Fernand !

Ninon - Voici mon cadeau de mariage.

Amélie - C'est très gentil à toi de nous offrir une valise, mais tu sais, je ne pense pas que nous ayons les moyens de partir en voyage de noces.

Ninon - Mais bien sûr que si ! Elle est pleine de billets. C'est le magot du père Jean et de Marie !

Fin

Imprimé à la demande par Books On Demand GmbH, Bad Hersfeld, Allemagne

Première édition, dépôt légal : juin 2009
N° d'édition : 200928
ISBN : 978-2-84422-698-3